GRÜNER PLANET

Tipps und Tricks für den Umweltschutz

Philipp Frühwirth

INHALT

EINFÜHRUNG IN DAS THEMA UMWELTERHALTUNG UND UMWELTSCHUTZ

In einer Welt, in der die Umweltbelastungen zunehmend spürbar sind, wird die Rolle des Umweltschutzes und der Umwelterhaltung immer wichtiger. Die Menschheit hat heute mehr denn je die Verantwortung, unseren Planeten und seine natürlichen Ressourcen zu erhalten und zu schützen. Der Umweltschutz ist ein komplexes Thema, das viele Aspekte berücksichtigt, von der Luft- und Wasserverschmutzung über den Klimawandel bis hin zum Naturschutz.

Immer mehr Menschen werden sich der Bedeutung des Umweltschutzes bewusst. Wir sind uns bewusst, dass unser Konsumverhalten, unsere Lebensweise und unsere Wirtschaftspolitik direkte Auswirkungen auf die Umwelt haben. In der Vergangenheit wurden viele Ressourcen als unerschöpflich angesehen, doch heutzutage wissen wir, dass es unsere Pflicht ist, verantwortungsbewusst damit umzugehen.

Umweltschutzmaßnahmen sollten von jedem von uns ergriffen werden, denn jeder von uns hat einen Einfluss auf die Umwelt. Es ist wichtig, dass wir alle unseren Teil dazu beitragen und umweltbewusster handeln. Der Umweltschutz ist keine Option, sondern eine Pflicht, die wir als Menschheit haben, um unser Überleben und das Überleben künftiger Generationen zu gewährleisten.

Eine der wichtigsten Herausforderungen, denen wir gegenüberstehen, ist der Klimawandel. Der Klimawandel ist ein langsamer Prozess, der sich jedoch auf die gesamte Erde auswirkt.

Er führt zu einer Erhöhung der Durchschnittstemperatur der Erde, einer Veränderung des Wettermusters und einem Anstieg des Meeresspiegels. Diese Faktoren wirken sich auf Ökosysteme, Flora und Fauna, sowie auf die menschliche Gesundheit aus.

Um den Klimawandel zu bekämpfen, müssen wir unsere Kohlenstoffemissionen reduzieren. Das bedeutet, dass wir den Einsatz fossiler Brennstoffe reduzieren, erneuerbare Energieträger fördern und unsere Transportmittel und Infrastruktur umbauen müssen. Verantwortungsbewusstsein und Nachhaltigkeit sind dabei das Schlüsselwort.

Es gibt viele Aspekte des Umweltschutzes und es müssen gemeinsame Anstrengungen unternommen werden, um unser gemeinsames Ziel zu erreichen. Regierungen, Unternehmen und Einzelpersonen müssen Hand in Hand arbeiten, um Umweltschutzmaßnahmen zu fördern und umzusetzen. Indem wir uns bewusst machen, wie unsere Entscheidungen die Umwelt beeinflussen, können wir Schritte unternehmen, um unseren Planeten zu erhalten und zu schützen.

Zusammenfassend kann gesagt werden, dass der Umweltschutz eine gemeinsame Aufgabe ist, die uns alle betrifft. Es ist unsere Verantwortung, unsere Umwelt nachhaltig zu gestalten und zu erhalten, um unsere planetarischen Ressourcen für zukünftige Generationen bewahren zu können.

WAS IST UMWELTSCHUTZ?

Umweltschutz ist ein wichtiger Begriff, der sich auf alle Maßnahmen bezieht, die zum Schutz unserer natürlichen Umgebung ergriffen werden. Der Schutz unserer Umwelt ist von größter Bedeutung, um sicherzustellen, dass wir eine gesunde Atmosphäre, sauberes Wasser und fruchtbaren Boden für die Zukunft bewahren.

In der heutigen Welt gibt es verschiedene Bundes- und Landesgesetze, die sich auf den Umweltschutz beziehen. Es gibt auch internationale Abkommen und Verträge, die sich auf den Umweltschutz beziehen und von verschiedenen Regierungen unterzeichnet wurden. Der Schutz der Umwelt bezieht sich jedoch nicht nur auf die Gesetzgebung - es ist eine Aufgabe für uns alle, die wir in unseren täglichen Entscheidungen und Maßnahmen respektieren müssen.

Als Menschen haben wir eine Verantwortung, die Umwelt um uns herum zu pflegen. Wir müssen sicherstellen, dass die Ressourcen, die uns zur Verfügung stehen, erhalten bleiben und nachhaltig genutzt werden. Wir dürfen nicht vergessen, dass wir nur eine begrenzte Menge an Ressourcen zur Verfügung haben.

Umweltschutz umfasst eine Reihe von Maßnahmen, die darauf abzielen, unsere Umwelt zu schützen, wie zum Beispiel:

- Reduzierung von Verschmutzung
- Wiederherstellung von Lebensräumen für wild lebende Tiere und Pflanzen
- Begrenzung des Schadstoffausstoßes und Emissionen
- Verbesserung der Luftqualität
- Sicherstellung einer nachhaltigen Nutzung der natürlichen Ressourcen

- Förderung der erneuerbaren Energiequellen und Reduzierung des Einsatzes fossiler Brennstoffe
- Förderung des Recycling und der Wiederverwendung

Es ist wichtig anzumerken, dass der Umweltschutz nicht nur für uns Menschen von Bedeutung ist. Viele Tier- und Pflanzenarten sind auf eine intakte Umwelt angewiesen, um zu überleben. Wenn wir nicht auf unsere Umwelt achten, könnte dies viele Arten bedrohen und schließlich zu einem unumkehrbaren Schaden führen.

Umweltschutz ist keine einmalige Aktion, sondern eine kontinuierliche Verpflichtung. Jeder von uns kann dazu beitragen, indem wir bewusster leben und Unsere täglichen Entscheidungen überdenken, um die Umwelt zu schonen. Wir können beispielsweise auf den Einsatz von Plastiktüten verzichten und stattdessen wiederverwendbare Taschen verwenden, die Verwendung von Produkten mit giftigen Chemikalien reduzieren und nachhaltige Lebensmittelprodukte kaufen.

Letztendlich ist es unser gemeinsamer Einsatz und unsere Verpflichtung, der Umwelt und den Ressourcen um uns herum zu helfen und zu schützen, damit sie für zukünftige Generationen erhalten bleiben.

WARUM IST UMWELTSCHUTZ WICHTIG?

Umweltschutz ist ein Thema, das in den letzten Jahrzehnten zunehmend an Bedeutung gewonnen hat. Aber warum ist Umweltschutz eigentlich so wichtig? Diese Frage lässt sich auf verschiedene Weise beantworten.

Zunächst einmal ist Umweltschutz wichtig, um unsere Umwelt und die natürlichen Ressourcen zu erhalten. Die Natur bietet uns eine Vielzahl von Ressourcen wie Wasser, Luft, Boden und Pflanzen, die wir für unser Überleben und Wohlbefinden benötigen. Wenn wir diese Ressourcen nicht schützen und erhalten, können sie irgendwann knapp werden oder sogar ganz verschwinden.

Ein weiterer Grund für die Bedeutung des Umweltschutzes ist der Schutz der Artenvielfalt. Die Natur beherbergt eine unglaubliche Vielfalt an Pflanzen- und Tierarten, die miteinander in einem komplexen Ökosystem interagieren. Wenn wir diesen Lebensraum zerstören oder beeinträchtigen, gefährden wir nicht nur die Artenvielfalt selbst, sondern auch die Balance im Ökosystem. Das kann langfristig schwerwiegende Auswirkungen auf Klima, Boden und Wasser haben.

Darüber hinaus hat Umweltschutz auch Auswirkungen auf unsere Gesundheit. Luft- und Wasserverschmutzung können zu gesundheitlichen Problemen wie Atemwegserkrankungen führen. Die Verwendung von Pestiziden und anderen Chemikalien in Landwirtschaft und Industrie kann ebenfalls gesundheitsschädlich sein.

Zuletzt ist der Umweltschutz auch ein wichtiger Beitrag zum

Klimaschutz. Durch den Einsatz erneuerbarer Energien wie Wind- und Solarenergie können wir den CO2-Ausstoß reduzieren und so einen wichtigen Beitrag zum Schutz des Klimas leisten. Denn der Klimawandel hat bereits heute Auswirkungen auf unser Leben, wie beispielsweise längere Dürreperioden oder stärkere Stürme.

Insgesamt lässt sich festhalten, dass Umweltschutz nicht nur wichtig für den Schutz unserer Umwelt und Ressourcen ist, sondern auch für unsere Gesundheit und unser Überleben. Durch den Schutz der Artenvielfalt und die Reduktion von CO2 können wir ein nachhaltigeres Leben führen und langfristig eine lebenswerte Zukunft für uns und kommende Generationen sichern.

DER MENSCHLICHE EINFLUSS AUF DIE UMWELT

Der menschliche Einfluss auf die Umwelt ist in den vergangenen Jahrzehnten enorm gestiegen. Die Entwicklung moderner Technologien ermöglichte zwar ein höheres Maß an Komfort und Luxus in unserem Leben, jedoch führte dies auch zu einer stärkeren Beeinträchtigung der Umwelt.

Die menschlichen Aktivitäten beeinflussen zahlreiche Aspekte der Umwelt, darunter Luftqualität, Wasserqualität, Bodenqualität, Tiere und Pflanzen, die natürlichen Ressourcen und das Klima. Der Einfluss ist dabei nicht nur lokal begrenzt, sondern hat auch globale Auswirkungen. Beispielsweise führen die Emissionen von Treibhausgasen, wie beispielsweise Kohlendioxid, zur Erderwärmung und damit auch zum Klimawandel.

Ein weiteres Beispiel für den Einfluss des Menschen auf die Umwelt ist die Verschmutzung der Weltmeere. Jährlich landen rund acht Millionen Tonnen Plastikmüll in den Ozeanen, was zu einer massiven Bedrohung für die Ökosysteme und die Tierwelt im Wasser führt.

Auch die Ausweitung menschlicher Siedlungen auf natürliche Ökosysteme hat eine massive Auswirkung auf die Tier- und Pflanzenarten. Viele Tiere verlieren ihren Lebensraum und sind durch die menschlichen Aktivitäten bedroht. Landnutzungsänderungen wie die Abholzung von Regenwäldern und Monokulturen in der Landwirtschaft haben einen signifikanten Einfluss auf die Umwelt.

Zudem haben menschliche Aktivitäten einen immensen Einfluss

auf die natürlichen Ressourcen. Die intensive Nutzung von Wasser, der Abbau von Kohle, Öl und Gas, sowie der unkontrollierte Konsum führen zur Erschöpfung der natürlichen Ressourcen und tragen somit zur Übernutzung der Umwelt bei.

All diese Einflüsse der menschlichen Aktivitäten auf die Umwelt tragen zum Klimawandel und anderen Umweltproblemen bei. Deshalb ist es entscheidend, dass wir uns bewusst machen, welchen Einfluss wir auf die Umwelt haben und unsere Aktivitäten darauf abstimmen, möglichst umweltschonend zu sein. Nur so können wir sicherstellen, dass wir auch in Zukunft die Ressourcen haben, die wir benötigen, um unser Leben auf unserem Planeten zu erhalten.

DIE AUSWIRKUNGEN DES KLIMAWANDELS AUF DIE UMWELT

Der Klimawandel ist eine der größten Herausforderungen unserer Zeit und hat bereits schwerwiegende Auswirkungen auf die Umwelt weltweit. Der Temperaturanstieg auf der Erde geht einher mit veränderten Niederschlagsmustern und steigendem Meeresspiegel.

Durch den Klimawandel kommt es zu einer Erhöhung der Durchschnittstemperaturen auf der Erde. Dies führt zu einer Verschiebung der globalen Niederschlagsmuster und verändert somit Ökosysteme. Es kommt zu Dürren, Überschwemmungen und Stürmen, welche verheerende Auswirkungen auf die Umwelt und die menschliche Bevölkerung haben. Die Erhöhung des Meeresspiegels ist eine weitere Folge des Klimawandels, welche dazu führt, dass Küstengebiete überschwemmt werden und viele Menschen ihre Heimat verlieren.

Die Auswirkungen des Klimawandels sind nicht nur auf die Umwelt beschränkt, sondern haben auch gravierende Auswirkungen auf unsere Wirtschaft und Gesellschaft. Die steigenden Temperaturen haben Auswirkungen auf die Landwirtschaft und führen zu Ernteausfällen. Die Folgen des Klimawandels führen auch zu wirtschaftlichen Verlusten in Form von Schäden an Infrastruktur und Eigentum sowie zu hohen Gesundheitskosten aufgrund von Naturkatastrophen.

Hinzu kommt, dass die Folgen des Klimawandels besonders stark Menschen in armen Ländern treffen, welche oftmals am wenigsten dazu beigetragen haben. Dies bedeutet, dass der

Klimawandel auch eine moralische Komponente aufweist.

Es ist offensichtlich, dass die Auswirkungen des Klimawandels nicht mehr zu leugnen sind und es ist dringend erforderlich, Maßnahmen zu ergreifen, um den Klimawandel zu bekämpfen. Wir müssen eine Nachhaltigkeit und Empathie in unserem Handeln und Konsum etablieren. Nur so können wir den Schaden begrenzen und Umweltprobleme in den Griff bekommen.

NACHHALTIGKEIT ALS GRUNDLAGE FÜR UMWELTERHALTUNG UND UMWELTSCHUTZ

Umwelterhaltung und Umweltschutz spielen eine entscheidende Rolle bei der Erhaltung unseres Planeten für zukünftige Generationen. In den letzten Jahrzehnten hat sich das Bewusstsein für Umweltprobleme stetig erhöht, und Unternehmen und Regierungen haben Maßnahmen ergriffen, um die Umweltbelastung zu reduzieren. Der Begriff Nachhaltigkeit ist dabei zu einem wichtigen Konzept geworden, auf dem viele dieser Maßnahmen basieren.

Nachhaltigkeit beschreibt die Fähigkeit, langfristige Bedürfnisse zu erfüllen, ohne dabei die Ressourcen für zukünftige Generationen zu beeinträchtigen. Im Kontext von Umweltschutz und Umwelterhaltung bedeutet Nachhaltigkeit, dass wir eine Balance finden müssen zwischen dem wirtschaftlichen Wachstum und dem Schutz der Umwelt. Es geht darum, Wohlstand für die heutige Generation zu schaffen, ohne dabei die Möglichkeiten für künftige Generationen zu beeinträchtigen.

Im Kern geht es um eine Bewegung weg von einem "linearen" Wirtschaftssystem - in dem Rohstoffe abgebaut, verwendet und dann weggeworfen werden - hin zu einem "zyklischen" Wirtschaftssystem - in dem Abfall minimiert, Rohstoffe recycelt und erneuerbare Ressourcen verwendet werden. Dadurch wird ein nachhaltiger und umweltverträglicher Ansatz für Wirtschaftsentwicklung und Produktion erreicht.

Die Umsetzung von Nachhaltigkeit im Bereich von

Umwelterhaltung und Umweltschutz erfordert eine Reihe von Veränderungen in unserem Verhalten und dem System, in dem wir leben. Eine wichtige Voraussetzung ist die Förderung der erneuerbaren Energiequellen wie Wind-, Wasser- und Solarenergie. Wir müssen auch unser Konsumverhalten ändern und auf Produkte aus erneuerbaren Ressourcen und recycelten Materialien umsteigen. Außerdem müssen wir uns für die Erhaltung von Wäldern, die Wiederherstellung von natürlichen Ökosystemen und den Schutz der Artenvielfalt engagieren.

Nachhaltigkeit bedeutet auch, vorhandene Ressourcen effektiver zu nutzen. Unter anderem geht es darum, Abfall und Verschmutzung zu reduzieren und Möglichkeiten für eine effizientere Nutzung von Energie und Wasser zu schaffen. Unternehmen und Regierungen müssen dabei zusammenarbeiten, um die Entwicklung von Technologien und Infrastrukturen zu fördern, die umweltfreundlich und nachhaltig sind.

Schließlich ist Nachhaltigkeit auch ein kulturelles Konzept. Es verlangt die Übernahme einer umweltbewussteren Denkweise und einer Ethik, die sich an der Bewahrung der Umwelt orientiert. Wir müssen unsere Wahrnehmung von Natur und Umwelt verändern und uns bewusst werden, dass alle Lebewesen und Ökosysteme auf diesem Planeten miteinander verbunden sind und dass wir unsere Umwelt respektieren und schützen müssen, um eine nachhaltige Zukunft für alle zu gewährleisten.

RESSOURCENKNAPPHEIT UND IHRE AUSWIRKUNGEN AUF DIE UMWELT

Die Erde bietet uns eine Vielzahl an Ressourcen wie Wasser, Luft, Mineralien, Fossilbrennstoffe und Pflanzen. Diese Ressourcen sind jedoch nicht unendlich vorhanden und können sich im Laufe der Zeit durch menschliche Aktivitäten aufgebraucht und verschmutzt werden. Eine Ressourcenknappheit kann drastische Auswirkungen auf die Umwelt haben und damit langfristig auch unsere Wirtschaft und Gesellschaft beeinflussen.

Die Ressourcenknappheit kann unterschiedliche Gründe haben, zum Beispiel ein zu hoher Verbrauch von Ressourcen, Übernutzung der natürlichen Ressourcen oder Verschmutzung durch Abfälle. Wenn wir zu viel von einer Ressource wie Wasser oder Öl verbrauchen, kann es in Zukunft dazu führen, dass nicht genügend davon vorhanden ist, um die aktuellen Bedürfnisse der Gesellschaft zu decken. Dies kann zu sehr hohen Preisen oder sogar zu Engpässen führen.

Die Ressourcenknappheit kann auch zu Umweltproblemen wie Luft- und Wasserverschmutzung führen. Zum Beispiel können wir durch die Nutzung von fossilen Brennstoffen wie Kohle, Öl und Erdgas CO_2 in die Luft emittieren, was den Treibhauseffekt verstärkt und den Klimawandel beschleunigt. Verbrauchen wir zu viel Wasser aus Flüssen oder Grundwasserreserven, können diese austrocknen und zum Aussterben von Tieren oder Pflanzen führen, die auf das Wasser angewiesen sind.

Um eine Ressourcenknappheit zu vermeiden und um die Umwelt zu schützen, ist es wichtig, nachhaltig mit den vorhandenen

Ressourcen umzugehen und diese sorgfältig zu nutzen. Dies kann durch eine Reduzierung des Verbrauchs oder durch das Erlernen von alternativen Techniken wie Solarenergie und Recycling erreicht werden. Weiterhin können die Auswirkungen von Umweltverschmutzung durch die Etablierung von strengen Regulierungen und Gesetzen begrenzt werden. Der Erhalt von Ökosystemen, die Schaffung von Grünflächen und Naturschutzgebieten kann auch dazu beitragen, Ressourcen zu erhalten und die Umwelt zu schützen.

Insgesamt zeigt sich, dass eine Ressourcenknappheit erhebliche Auswirkungen auf die Umwelt haben kann und damit auch die Wirtschaft, die Gesellschaft und die Umwelt in Gefahr bringt. Eine nachhaltige Nutzung der vorhandenen Ressourcen durch ein umweltbewusstes Handeln und die Umsetzung von Schutzmaßnahmen ist notwendig, um die Umwelt langfristig zu schützen.

DIE ROLLE DER REGIERUNGEN UND INTERNATIONALEN ORGANISATIONEN IM UMWELTSCHUTZ

Umweltschutzprogramme müssen durch Regierungen und internationale Organisationen gefördert werden, um eine effektive Veränderung zu bewirken. In diesem Kapitel werden die Rolle, die Verantwortlichkeiten und die Maßnahmen dieser Entscheidungsträger im Umweltschutz diskutiert.

Regierungen spielen eine wichtige Rolle bei der Gestaltung und Umsetzung von Umweltschutzmaßnahmen. Durch Gesetze, Verordnungen und Umweltverträglichkeitsprüfungen können sie Unternehmen und Einzelpersonen zur Einhaltung des Umweltschutzes und zur Vermeidung von Umweltverschmutzung verpflichten. Regierungen können auch finanzielle Anreize wie Steuervorteile und Zuschüsse bereitstellen, um die Einhaltung von Umweltauflagen zu fördern.

Internationale Organisationen wie die Vereinten Nationen und ihre Unterorganisationen spielen ebenfalls eine wichtige Rolle im Umweltschutz. Die Agenda 2030 für nachhaltige Entwicklung der Vereinten Nationen hat Nachhaltigkeit zu einem Schlüsselbegriff gemacht. In diesem Rahmen haben die Vereinten Nationen die Ziele für nachhaltige Entwicklung (SDGs) formuliert.

Es gibt inzwischen viele Umweltprogramme und -initiativen, bei denen Regierungen und internationale Organisationen eine führende Rolle spielen, um Umweltprobleme anzugehen und den Klimawandel zu bekämpfen. Ein Beispiel ist das "Paris Agreement", bei dem sich die meisten Länder der Welt zum Ziel gesetzt haben, die globale Erwärmung auf unter 2 Grad Celsius im Vergleich zur vorindustriellen Zeit zu begrenzen.

Ein weiteres Beispiel ist die "Convention on International Trade in Endangered Species" (CITES), die den Handel mit bedrohten Tier- und Pflanzenarten verbietet und damit den Schutz dieser wichtigen Arten fördert.

Viele Länder haben auch Umweltministerien oder -behörden eingerichtet, um den Umweltschutz im eigenen Land zu fördern. Diese Behörden überwachen die Einhaltung von Umweltauflagen und setzen Maßnahmen um, um die Umweltverschmutzung zu reduzieren.

Zusätzlich zu Regierungen und internationalen Organisationen können auch Unternehmen und die Zivilgesellschaft eine wichtige Rolle beim Schutz der Umwelt spielen. Unternehmen können ihre Produktion und Praktiken umweltfreundlicher gestalten, während die Zivilgesellschaft Druck auf Entscheidungsträger ausüben kann, um den Umweltschutz zu fördern.

Insgesamt ist die Rolle von Regierungen und internationalen Organisationen im Umweltschutz von entscheidender Bedeutung, um Veränderungen zu bewirken, den Schutz der Umwelt zu fördern und eine nachhaltige Zukunft zu gewährleisten.

UMWELTGESETZE UND -VERORDNUNGEN

Umweltgesetze und -verordnungen sind entscheidend für die Umwelterhaltung und den Umweltschutz. Sie werden von Regierungen weltweit erlassen, um die Umwelt zu schützen, indem sie beispielsweise die Zerstörung der natürlichen Ressourcen verhindern und die Umweltauswirkungen von Industrie und Handel eindämmen.

Umweltgesetze können sehr unterschiedlich sein und von Land zu Land variieren. In erster Linie setzen sie jedoch auf Vorschriften, um sicherzustellen, dass Unternehmen, Organisationen und sogar die Einzelpersonen in Übereinstimmung mit bestimmten Umweltstandards handeln. Diese Standards können spezifische Emissions- oder Abfallmengen, die zulässige Höhe von Luftverschmutzung oder die Nutzung von Naturressourcen einschließen.

Ein weiteres Ziel von Umweltgesetzen ist es, sicherzustellen, dass Umweltschäden durch Haftung und Strafen geahndet werden. Unternehmen, die ihre Emissionen nicht ordnungsgemäß reduzieren oder gegen Auflagen verstoßen, können dafür bestraft oder sogar vor Gericht gestellt werden. Dadurch sollen Unternehmen und Organisationen dazu angehalten werden, umweltfreundlicher zu handeln und ihre Auswirkungen auf die Umwelt soweit wie möglich zu minimieren.

Es gibt auch internationale Vereinbarungen und Organisationen, die sich mit Umweltproblemen befassen und Umweltgesetze fördern. Zu den bekanntesten Organisationen zählen die Umweltagentur der Europäischen Union (EU) und die Intergovernmental Panel on Climate Change (IPCC). Ein

Beispiel für eine internationale Umweltvereinbarung ist das Pariser Klimaabkommen, das darauf abzielt, den globalen Temperaturanstieg auf unter 2 Grad Celsius zu begrenzen.

Obwohl Umweltgesetze auf nationaler und internationaler Ebene existieren, bleibt ihre Umsetzung oft eine Herausforderung. Der Einsatz von Umweltgesetzen bedingt oft Investitionen in Technologien oder Infrastruktur, um diese umzusetzen. Umweltgesetze funktionieren daher am besten, wenn sie in eine umfassende Umweltpolitik eingebettet sind, bei der alle Akteure im Sinne von Nachhaltigkeit handeln.

Insgesamt ist die Umsetzung von Umweltgesetzen ein wichtiger Schritt zur Gewährleistung der Umwelterhaltung und des Umweltschutzes. Es ist jedoch wichtig sicherzustellen, dass sie wirksam und durchsetzbar sind, um eine positive Wirkung auf die Umwelt zu haben und auch in Zukunft zu erhalten.

DIE BEDEUTUNG VON RECYCLING UND WIEDERVERWENDUNG VON MATERIALIEN

In der heutigen Gesellschaft ist es wichtig, dass wir unsere natürlichen Ressourcen bewahren und effizient nutzen. Ein Weg, dies zu erreichen, ist durch Recycling und Wiederverwendung von Materialien. Recycling ist ein Prozess, bei dem Abfallmaterialien wiederverwendet und in neue Produkte umgewandelt werden. Im Gegensatz dazu bezieht sich die Wiederverwendung auf die Verwendung von Produkten oder Materialien in ihrer ursprünglichen Form ohne Veränderung.

Die Bedeutung von Recycling und Wiederverwendung kann auf unterschiedliche Weise betrachtet werden. Ein wichtiger Aspekt ist die Reduzierung des Abfallvolumens. Durch Recycling und Wiederverwendung wird die Menge des produzierten Abfalls reduziert. Dies trägt dazu bei, den Platzbedarf für Deponien zu reduzieren und die Belastung der Umwelt durch Müllabfälle zu minimieren. Gleichzeitig können die Ressourcen der Natur geschont werden, da weniger Rohstoffe benötigt werden, um neue Materialien herzustellen.

Ein weiterer wichtiger Aspekt von Recycling und Wiederverwendung ist die Verringerung der Umweltbelastung. Durch den Einsatz von recycelten Materialien können Unternehmen ihre CO_2-Emissionen reduzieren. Es wird weniger Energie und Wasser benötigt und die Umweltbelastung wird minimiert. Darüber hinaus kann durch die Verwendung von recycelten Materialien die Entwaldung verringert werden, da weniger Holz für die Produktion benötigt wird.

Recycling und Wiederverwendung können auch wirtschaftliche Vorteile bieten. Es kann dazu beitragen, Einsparungen bei der Beschaffung von Rohstoffen zu erzielen, was zu einer Senkung der Produktionskosten führt. Darüber hinaus kann der Verkauf von recycelten Materialien zu einer zusätzlichen Einkommensquelle für Unternehmen werden.

Es ist jedoch auch wichtig, die Herausforderungen und Grenzen von Recycling und Wiederverwendung zu erkennen. Um erfolgreich zu sein, erfordert dies eine hohe Recyclingquote und eine wirksame Sammlung und Sortierung von Abfällen. Außerdem müssen die recycelten Materialien von hoher Qualität sein, um für die Herstellung neuer Produkte geeignet zu sein.

Die Bedeutung von Recycling und Wiederverwendung von Materialien wird auf globaler Ebene anerkannt. Viele Länder haben Recyclingprogramme und Gesetze zur Förderung von Recycling und Wiederverwendung eingeführt. Unternehmen haben erkannt, dass es für ihr Image und ihre Nachhaltigkeitsziele von Vorteil ist, sich für Recycling und Wiederverwendung einzusetzen.

Zusammenfassend ist Recycling und Wiederverwendung ein wichtiger Aspekt, wenn es darum geht, natürliche Ressourcen zu erhalten und die Umweltbelastung zu minimieren. Es kann dazu beitragen, die Menge an Müll zu reduzieren, die Umweltbelastung zu minimieren und wirtschaftliche Vorteile für Unternehmen zu schaffen. Es ist jedoch wichtig zu beachten, dass erfolgreiche Recycling- und Wiederverwendungsprogramme eine hohe Sammelquote und eine effektive Sortierung von Abfällen erfordern.

GREENWASHING - WAS IST DAS UND WIE KANN MAN ES VERMEIDEN?

Greenwashing ist ein Begriff, der in den letzten Jahren immer häufiger auftaucht und sich auf irreführende Marketing-Praktiken bezieht, die vorgeben, umweltfreundlich zu sein, aber in Wirklichkeit wenig bis gar nichts für die Umwelt tun. Das Greenwashing ist ein Ärgernis für Verbraucher, die bewusst einkaufen und darauf achten, dass sie tatsächlich nachhaltige Produkte erwerben.

Ein bekanntes Beispiel für Greenwashing ist das Anbringen eines Umwelt-Labels auf einem Produkt, das eigentlich keine umweltfreundlichen Eigenschaften hat. Die Verwendung von umweltfreundlichen Farben oder einer nachhaltigen Papierverpackung auf einem Produkt, das aus weit entfernten Ländern importiert wird und unnötig viele Transportkilometer aufweist, gehört ebenfalls zu den Greenwashing-Taktiken.

Aber wie kann man Greenwashing vermeiden? Eine wirkungsvolle Maßnahme besteht darin, stets argwöhnisch zu sein, wenn ein Produkt vorgibt, besonders umweltfreundlich zu sein. Verbraucher sollten sich die Zeit nehmen, die Aussagen auf Produkten genau zu lesen und skeptisch gegenüber Aussagen wie "100% biologisch abbaubar" oder "frei von schädlichen Chemikalien" zu sein.

Es ist auch eine gute Idee, die Label und Zertifizierungen auf Produkten zu überprüfen. Ein Umwelt-Label auf einem Produkt sollte von einer anerkannten Organisation ausgestellt werden, die eine Überprüfung der Umweltleistung des Produkts durchgeführt hat. Einige der renommierten Zertifizierungsstellen sind das EU Ecolabel und das Blaue Engel Label in Deutschland.

Falls die Verbraucher Zweifel an den Umweltaussagen eines Produktes haben, können sie auch direkt beim Hersteller oder Verkäufer anfragen, um mehr über die Umweltauswirkungen des Produkts zu erfahren. Es ist wichtig, dass Verbraucher ihre Stimme gegen Greenwashing erheben und Unternehmen dazu drängen, transparenter und ehrlicher zu sein.

Insgesamt ist der Kampf gegen Greenwashing ein wichtiger Schritt in Richtung Nachhaltigkeit und Umweltschutz. Durch eine sorgfältige Überprüfung der Umweltaussagen auf Produkten können Verbraucher dazu beitragen, dass Unternehmen dazu aufgefordert werden, ihre Umweltleistung zu verbessern und ihre Aussagen über ihre Umwelteinflüsse auf klare und wahrheitsgemäße Weise zu kommunizieren.

DER EINFLUSS VON KONSUMVERHALTEN AUF DIE UMWELT

Das Konsumverhalten der Menschen hat einen bedeutenden Einfluss auf die Umwelt. Unser Kaufverhalten ist nicht nur ausschlaggebend für das Wachstum oder den Rückgang bestimmter Wirtschaftszweige, es hat auch erhebliche Folgen für die Umwelt. In diesem Kapitel werfen wir einen Blick auf einige der Auswirkungen des Konsumverhaltens auf die Umwelt.

Eine der größten Herausforderungen im Zusammenhang mit dem Konsumverhalten ist die Verschwendung von Ressourcen. Die Herstellung von Konsumgütern erfordert natürliche Ressourcen wie Wasser und Energie, und es entstehen Abfallprodukte und Emissionen. Wenn wir mehr kaufen, als wir eigentlich benötigen, führt dies zu einer Übernutzung dieser natürlichen Ressourcen und einer erhöhten Umweltbelastung.

Ein weiteres Problem ist der Transport. Wir kaufen Artikel, die in Ländern produziert werden, die tausende Kilometer entfernt liegen. Der Transport dieser Waren hinterlässt einen erheblichen ökologischen Fußabdruck in Form von Treibhausgasemissionen, die durch den Schiffs-, Zug- oder LKW-Verkehr entstehen. Wenn möglich, sollten wir lokal produzierte Waren kaufen, um den Schaden für die Umwelt zu minimieren.

Gleichzeitig haben wir als Verbraucher aber auch die Macht, Unternehmen zu beeinflussen, indem wir gezielt nach umweltfreundlichen und nachhaltigen Produkten suchen. Nachhaltige Produkte und Konsumgüter verwenden oft recycelte und umweltfreundliche Materialien und sind oft klimafreundlich produziert. Doch hierbei ist es wichtig, nicht nur auf das Label zu achten, sondern auch die Geschäftspraktiken und Lieferketten des Unternehmens genauer zu betrachten.

Eine weitere Möglichkeit, den Einfluss des Konsumverhaltens auf die Umwelt zu minimieren, ist durch die Nutzung von Mehrwegprodukten. Die Verwendung von wiederbefüllbaren Flaschen, Tassen, Behältern und Taschen reduziert den Verbrauch von Einwegprodukten und minimiert den Abfall.

Zusammenfassend lässt sich sagen, dass unser Konsumverhalten eine erhebliche Auswirkung auf die Umwelt hat. Wenn wir bewusst darauf achten, was wir kaufen und wie wir es nutzen, können wir unseren ökologischen Fußabdruck reduzieren und dazu beitragen, die Umwelt zu erhalten. Wir sollten verantwortungsvoll und nachhaltig konsumieren, um eine lebenswerte Umwelt für künftige Generationen zu schaffen.

UMWELTSCHUTZ UND DIE LANDWIRTSCHAFT

Die Landwirtschaft ist ein wichtiger Bestandteil unseres Lebens, sie versorgt uns mit Nahrungsmitteln und anderen pflanzlichen und tierischen Produkten. Allerdings hat die moderne Landwirtschaft auch Auswirkungen auf die Umwelt und das Klima. Der Einsatz von Düngemitteln, Pestiziden und Herbiziden kann negative Auswirkungen auf die Böden, das Grundwasser und die Artenvielfalt haben. Eine nachhaltige Landwirtschaft kann jedoch dazu beitragen, die Umweltbilanz zu verbessern und den Klimawandel zu bekämpfen.

Es gibt verschiedene Ansätze für eine nachhaltige Landwirtschaft, wie z.B. ökologischen Landbau, biologischen Landbau, regenerativen Landbau und mehr. Gemeinsam haben alle Ansätze den Schwerpunkt auf einer nachhaltigen Nutzung von Boden und Ressourcen, sowie auf der Reduzierung von Umweltbelastungen. Eine nachhaltige Landwirtschaft setzt auf ein ausgewogenes Ökosystem, um die natürlichen Ressourcen und die Artenvielfalt zu schützen.

Eine Möglichkeit, eine nachhaltige Landwirtschaft zu fördern, ist durch die Förderung von regionalen und saisonalen Lebensmitteln. Wenn Lebensmittel aus der Region stammen, müssen sie nicht über große Entfernungen transportiert werden, was den CO2-Fußabdruck reduziert. Saisonale Lebensmittel reduzieren auch den Einsatz von künstlichem Licht, Heizung oder Kühlung, die für die Produktion von Lebensmitteln unter nicht-optimalen Bedingungen benötigt werden.

Eine weitere Möglichkeit, die Umweltbelastung der Landwirtschaft zu reduzieren, ist durch den Einsatz von erneuerbaren Energien und energieeffizienten Technologien. Photovoltaik-Anlagen und Windparks können auf landwirtschaftlichen Flächen errichtet werden und helfen, den Energiebedarf der Landwirtschaft zu decken. Energiesparende Technologien wie Sparsysteme für Bewässerung, automatische Düngung oder schlauere Lagerung von Lebensmitteln können auch den Energieverbrauch reduzieren.

Auch die Nutzung von traditionellen Techniken und Methoden der Bewirtschaftung kann dabei helfen, die Umweltbelastung zu reduzieren. Eine solche Rückgriff auf traditionelle Technologien vermeidet den massiven Einsatz von Pestiziden, Herbiziden, Antibiotika oder Hormonen, die in der modernen Landwirtschaft weit verbreitet sind, um den Ernteertrag zu maximieren. Diese Technologien führen jedoch oft zu negativen Auswirkungen auf die Umwelt und unsere Gesundheit.

Zusammenfassend lässt sich sagen, dass eine nachhaltige Landwirtschaft ein wichtiger Beitrag für die Umwelt und für die Gesellschaft als Ganzes sein kann. Es gibt viele Möglichkeiten, die Umweltbelastung durch die Landwirtschaft zu reduzieren, darunter die Förderung von regionalen und saisonalen Lebensmitteln, die Nutzung erneuerbarer Energien und energieeffizienter Technologien sowie die Rückkehr zu traditionellen landwirtschaftlichen Methoden. Die nachhaltige Nutzung der Ressourcen kann dazu beitragen, dass wir eine bessere Zukunft für uns und für kommende Generationen schaffen.

DIE BEDEUTUNG VON NATURSCHUTZGEBIETEN UND DEREN ERHALTUNG

Die Erhaltung von Naturschutzgebieten ist ein wichtiger Bestandteil des Umweltschutzes. Naturschutzgebiete sind Flächen, die besonders schützenswerte Gebiete darstellen. Sie beherbergen eine Vielzahl von Tieren, Pflanzen und Ökosystemen, die durch menschliche Aktivitäten bedroht sind. Der Schutz dieser Gebiete sorgt dafür, dass diese Ökosysteme erhalten bleiben und ein lebensfreundliches Umfeld für Tiere und Pflanzen geschaffen wird.

Ein weiterer wichtiger Aspekt von Naturschutzgebieten ist, dass sie einen wertvollen Beitrag zum Schutz der Biodiversität leisten. Biodiversität bezieht sich auf die Vielfalt des Lebens auf der Erde. Sie umfasst die Vielfalt innerhalb von Arten, die Vielfalt von Arten sowie die Vielfalt von Ökosystemen. Naturschutzgebiete, die wertvolle Ökosysteme und Arten beherbergen, sind entscheidend für den Schutz und den Erhalt dieser Vielfalt.

Naturschutzgebiete können vielfältige Formen haben, von Feuchtgebieten, Seen und Flüssen bis hin zu Wäldern und Berglandschaften. Diese Gebiete bieten auch eine Vielzahl von Möglichkeiten für den Naturschutz. Sie sind ideal für langfristige Studien über die Auswirkungen des Klimawandels auf die Umwelt und bieten auch Möglichkeiten, die Auswirkungen menschlicher Aktivitäten auf die Umwelt zu untersuchen, etwa durch die Überwachung von Luft-, Wasser- und Bodenqualität.

Ein Beispiel für ein erfolgreiches Naturschutzgebiet ist der Yellowstone-Nationalpark in den USA. Der Park ist das älteste

Naturschutzgebiet der Welt und hat eine Fläche von fast 9.000 Quadratkilometern. Er wurde 1872 gegründet, um die biologische Vielfalt und die natürlichen Ressourcen der Gegend zu schützen.

Naturschutzgebiete können jedoch auch kontrovers diskutiert werden, insbesondere wenn sie dazu führen, dass Menschen vertrieben oder eingeschränkt werden. Wie bei vielen Umweltproblemen ist es wichtig, dass Naturschutzgebiete in einer Weise verwaltet werden, die die Bedürfnisse der lokalen Gemeinschaften berücksichtigt und ein ausgewogenes Verhältnis zum Schutz der Umwelt sicherstellt.

Insgesamt gilt, dass Naturschutzgebiete durch den Schutz von empfindlichen Ökosystemen, Artenvielfalt und die Schaffung langfristiger Studienmöglichkeiten einen wichtigen Beitrag zum Umweltschutz leisten können.

ERFOLGREICHE UMWELTSCHUTZPROJEKTE IN UNTERSCHIEDLICHEN LÄNDERN

Es gibt eine große Anzahl erfolgreicher Umweltschutzprojekte auf der ganzen Welt. Diese Projekte zeigen, dass ein bewusster Umgang mit der Natur und der Umwelt nicht nur wünschenswert ist, sondern auch durchaus realisierbar sein kann. Im Folgenden werden einige dieser Projekte vorgestellt.

In Kenia hat die Regierung das "Green Belt Movement" ins Leben gerufen, um den Verlust von Wäldern durch Abholzung und landwirtschaftliche Expansion zu stoppen. Dabei werden Bäume gepflanzt und eine nachhaltige Nutzung der Wälder gefördert. Das Programm hat bis heute mehr als 50 Millionen Bäume gepflanzt und hat dazu beigetragen, die Lebensbedingungen und die Ernährungssicherheit der lokalen Bevölkerung zu verbessern.

In Singapur wurde ein innovatives System zur Abwasserbehandlung entwickelt, das als NEWater bekannt ist. Dabei wird Abwasser gereinigt und in Trinkwasserqualität wiederverwendet. Das Programm hat dazu beigetragen, dass Singapur weniger abhängig von teuren importierten Wasserressourcen ist und das Ziel einer nachhaltigen Wasserversorgung erreicht wurde.

In Deutschland hat die Stadt Freiburg zahlreiche Maßnahmen zum Umweltschutz umgesetzt, darunter den Ausbau von Fahrradwegen und den Einsatz erneuerbarer Energien. Auch die Errichtung von Passivhäusern trägt zur Verringerung der CO_2-Emissionen bei. Freiburg gilt heute als eine der nachhaltigsten Städte in Europa.

In Brasilien hat die Regierung das Programm "Bolsa Floresta" ins Leben gerufen, um die Konservierung des Regenwaldes zu fördern und gleichzeitig der lokalen Bevölkerung ein Einkommen zu sichern. Dabei erhalten Familien, die im Amazonasgebiet leben und ihren Wald schützen, finanzielle Unterstützung und Zugang zu Bildung und Gesundheitsversorgung. Seit der Einführung des Programms wurden mehr als 12 Millionen Hektar Wald geschützt.

In Australien wurde das Programm "Plastic Bank" gestartet, um die Vermüllung der Küstengebiete durch Plastikabfälle zu reduzieren. Dabei werden Plastikabfälle von den Anwohnern gegen Geld oder andere Belohnungen gesammelt. Das Plastik wird dann recycelt und wiederverwendet. Das Programm hat dazu beigetragen, die Zahl der Plastikabfälle in den Ozeanen zu reduzieren.

Diese Beispiele zeigen, dass Umweltschutzprojekte erfolgreich sein können, wenn sie umgesetzt werden. Es ist wichtig, dass Regierungen, Unternehmen und Einzelpersonen weltweit zusammenarbeiten, um umweltfreundliche Praktiken zu fördern und um die Erhaltung der natürlichen Ressourcen zu gewährleisten. Jeder Einzelne kann dabei helfen, indem er seinen eigenen Teil zum Umweltschutz beiträgt und umweltbewusste Entscheidungen trifft.

DAS POTENZIAL VON ERNEUERBAREN ENERGIEN IM UMWELTSCHUTZ

Die Nutzung von fossilen Brennstoffen, wie Kohle, Öl und Gas, stellt eine der wesentlichen Quellen für den Ausstoß von Treibhausgasen dar. Die Verbrennung dieser Brennstoffe führt zu einer Erderwärmung, die schwerwiegende Auswirkungen auf das Klima, Ökosysteme und unsere Gesundheit hat. Erneuerbare Energiequellen können einen erheblichen Beitrag zur Reduzierung der Treibhausgasemissionen leisten.

Der Begriff "Erneuerbare Energien" bezieht sich auf Energieressourcen, die aus natürlichen Prozessen gewonnen werden und die sich im Gegensatz zu fossilen Brennstoffen in einem menschlichen Zeitrahmen regenerieren. Dazu zählen Solarenergie, Windenergie, Wasserkraft, Geothermie und Biomasse.

Solarenergie ist eine unerschöpfliche Energiequelle. Sie wird direkt aus der Sonnenstrahlung gewonnen und lässt sich auf vielfältige Weise nutzen. Solarzellen wandeln die Sonnenenergie direkt in Strom um, während Solarthermie die Energie der Sonnenstrahlen zur Wärmeerzeugung nutzt. Photovoltaikanlagen werden immer erschwinglicher und sind mittlerweile in vielen Ländern eine der wichtigsten erneuerbaren Energiequellen.

Windenergie ist eine weitere wichtige erneuerbare Energiequelle. Windkraftanlagen nutzen die kinetische Energie des Windes und wandeln sie in Strom um. Die Installation von Windkraftanlagen in windreichen Gegenden kann einen erheblichen Beitrag zur

Energiewende leisten.

Wasserkraft ist eine der ältesten Quellen für erneuerbare Energie. Sie wird aus der Bewegungsenergie von Wasser gewonnen und kann sowohl für die Strom- als auch für die Wärmeerzeugung genutzt werden. Wasserkraft hat jedoch auch negative Auswirkungen auf die Umwelt, da sie den natürlichen Fluss von Gewässern verändert und für Fische und andere Wassertiere einen Hindernislauf bedeutet.

Geothermie ist die Nutzung der Wärme der Erde. Erdwärme wird für Heizungen und Kühlung genutzt, aber auch zur Stromerzeugung. Geothermische Energie ist eine äußerst stabile Quelle für erneuerbare Energie und hat nahezu keine negativen Umweltauswirkungen.

Biomasse, wie sie zum Beispiel in Holz, Pflanzenresten oder tierischen Abfällen vorkommt, ist eine weitere Quelle für erneuerbare Energie. Es ist jedoch wichtig sicherzustellen, dass Biomasse nachhaltig produziert und genutzt wird, um negative Auswirkungen auf die Umwelt und Menschen zu vermeiden.

Erneuerbare Energien können dazu beitragen, den Ausstoß von Treibhausgasen zu reduzieren und sind daher eine wichtige Komponente im Kampf gegen den Klimawandel. Die großen Fortschritte im Bereich erneuerbarer Energien zeigen, dass eine zukünftige Welt mit nachhaltiger Energieversorgung durchaus machbar ist. Ein stärkerer Fokus auf erneuerbare Energien bietet zudem die Chance, neue Arbeitsplätze und wirtschaftliche Chancen im Bereich der grünen Technologie zu schaffen.

DIE ROLLE VON UNTERNEHMEN IM UMWELTSCHUTZ

Die Verantwortung von Unternehmen im Umweltschutz ist ein äußerst wichtiges Thema. In der Vergangenheit haben Unternehmen oft nur den Fokus auf ihr eigenes Gewinnwachstum gelegt, während sie dabei die Umweltauswirkungen ihrer Geschäftspraktiken missachtet haben. Allerdings hat sich dies in den letzten Jahren geändert.

Immer mehr Unternehmen erkennen die Bedeutung der Umwelt und die Rolle, die sie spielen können, um ihre Umweltbelastungen zu reduzieren. Viele Unternehmen haben begonnen, Nachhaltigkeit in ihre Geschäftspraktiken zu integrieren, indem sie umweltfreundliche Technologien einsetzen und Ressourcen effizienter nutzen.

Ein Beispiel dafür ist das Unternehmen Patagonia, das in den letzten Jahren zu einem Vorreiter des Umweltschutzes in der Bekleidungsindustrie geworden ist. Das Unternehmen hat sich verpflichtet, eine umweltschonendere Produktion und nachhaltigere Materialien zu verwenden. Patagonia hat auch gemeinnützige Umweltorganisationen unterstützt und hat sich dafür eingesetzt, die Klimapolitik zu verbessern.

Aber nicht nur große Unternehmen wie Patagonia erkennen die Bedeutung des Umweltschutzes. Immer mehr kleinere Unternehmen integrieren Nachhaltigkeit in ihre Geschäftsstrategien. In vielen Fällen kann dies sogar wirtschaftliche Vorteile bieten.

In der Tat, haben Umweltauswirkungen auch wirtschaftliche Auswirkungen. Unternehmen, die sich nicht umweltbewusst verhalten, können langfristig in Schwierigkeiten geraten, da die Umweltauswirkungen Ihrer Geschäftspraktiken häufig nicht direkt im nächsten Quartal oder Jahr sichtbar sind. Umweltfreundliche Alternativen können sich tatsächlich als rentabler und auch als wettbewerbsfähiger erweisen.

Um das Potenzial von Unternehmen im Umweltschutz zu maximieren, haben Regierungen und internationale Organisationen Initiativen ergriffen, um sie bei den Bemühungen zum Umweltschutz zu unterstützen. Zum Beispiel wurden Anreize geschaffen, um Unternehmen dazu zu bewegen, ihre Umweltauswirkungen zu reduzieren, und es wurden Umweltzertifizierungen eingeführt, um Unternehmen zu fördern, die nachhaltiger wirtschaften.

Insgesamt ist es wichtig, dass Unternehmen ihre Rolle im Umweltschutz ernst nehmen und sich verpflichten, umweltbewusst zu handeln. Unternehmen können ihre Umweltauswirkungen reduzieren und gleichzeitig ihre Werte und ihr Ansehen stärken. Eine umweltbewusste Einstellung kann dazu beitragen, dass Unternehmen auch in Zukunft erfolgreich bleiben werden.

EIN BLICK AUF DIE ZUKUNFT DES UMWELTSCHUTZES

Die Bedeutung des Umweltschutzes nimmt in unserer modernen Welt immer weiter zu. Die aktuellen Daten zur Umweltverschmutzung zeigen, dass der Mensch jeden Tag einen sichtbaren Einfluss auf die Umwelt hat. Die Zukunft des Umweltschutzes hängt davon ab, dass wir jetzt die richtigen Entscheidungen treffen und koordinierte Anstrengungen unternehmen.

Ein wichtiger Teil der Zukunft des Umweltschutzes wird die Entwicklung von innovativen, grünen Technologien sein. Bildung und Forschung spielen dabei ebenfalls eine Schlüsselrolle. Eine verbesserte Bildung und Sensibilisierung der Öffentlichkeit kann das Bewusstsein für Umweltprobleme und die Bedeutung des Umweltschutzes stärken. Dadurch wird auch die Identifikation und Vorschläge für neue Lösungen sowie die Unterstützung von nachhaltigen und umweltfreundlichen Initiativen gefördert.

Darüber hinaus sind auch Regierungen und internationale Organisationen gefragt, mehr Verantwortung im Umweltschutz zu übernehmen. Es gibt in vielen Regionen der Welt bereits eine Reihe von Umweltschutzgesetzen, die jedoch auf nationaler Ebene oft nicht ausreichend durchgesetzt werden. Internationale Umweltschutzabkommen und Abkommen zur Begrenzung von Treibhausgasemissionen sind ebenfalls wichtig, um koordinierte Anstrengungen zur Umweltrettung zu fördern. Die Regierungs- und Geschäftssphäre müssen zusammenarbeiten, um umweltfreundlichere Verfahrensweisen und Technologien zu implementieren.

Schließlich sollten wir auch die Verantwortung jedes Einzelnen betonen, um unsere Umwelt sicher zu halten. Jeder Einzelne kann seinen Teil dazu beitragen, indem er umweltbewusste Entscheidungen trifft. Wer sich dafür entscheidet, zum Beispiel umweltfreundliche Produkte zu kaufen, weniger zu reisen oder sich den neuen Trends der Nachhaltigkeit anzuschließen, kann dazu beitragen, die Auswirkungen auf die Umwelt zu reduzieren.

Zusammenfassend können wir sagen: Die Zukunft des Umweltschutzes hängt von uns allen ab. Wir müssen uns bewusst machen, dass unsere Entscheidungen und Taten einen wichtigen Einfluss auf die Umwelt haben. Regierungen, Organisationen, Unternehmen und die breitere Gesellschaft müssen zusammenarbeiten, um Strategien zur Unterstützung von sauberer Energienutzung, umweltfreundliche und nachhaltige Initiativen und Investitionen in grüne Technologien zu entwickeln.

TIPPS UND TRICKS FÜR DEN ALLTAG ZUM SCHUTZ DER UMWELT

Umweltschutz ist nicht nur der Job von Regierungen und Organisationen, sondern betrifft jeden einzelnen von uns. Es braucht keine großen Anstrengungen, um etwas zum Schutz der Umwelt beizutragen. Jeder einzelne von uns kann im Alltag dazu beitragen, Energie und Ressourcen zu sparen und die Umwelt zu schützen. Im Folgenden sind ein paar praktische Tipps und Tricks aufgeführt, die jeder umsetzen kann.

1. Reduktion des Plastikverbrauchs: Plastiktüten, Strohhalme und Einweggeschirr verursachen erhebliche Umweltbelastungen. Stattdessen können wiederverwendbare Taschen und Becher verwendet werden, um Abfall und Plastikverbrauch zu reduzieren.

2. Bewusster Energieverbrauch: Ein bewusster Umgang mit Energie kann helfen, den CO2-Ausstoß zu reduzieren. Hierzu gehört das Ausschalten von elektrischen Geräten, die nicht verwendet werden, die Verwendung von LED-Lampen und die Einstellung der Heizung bei Abwesenheit.

3. Nachhaltiger Konsum: Beim Kauf von Produkten sollte man darauf achten, ob diese fair gehandelt wurden, biologisch abbaubar sind oder aus nachhaltigem Anbau stammen.

4. Verwendung von umweltfreundlichen Reinigungs- und Waschmitteln: Umweltfreundliche Alternativen zu herkömmlichen Reinigungs- und Waschmitteln sind oft biologisch abbaubar und somit weniger schädlich für die Umwelt.

5. Unterstützung von Recycling: Durch die Entsorgung von Papier, Glas, Plastik und anderen Materialien in den Recyclingmüll können Ressourcen wiederverwendet werden.

6. Verwendung von öffentlichen Verkehrsmitteln oder Fahrrad statt Auto: Eine umweltfreundliche Alternative zum Auto ist die Nutzung von öffentlichen Verkehrsmitteln oder das Radfahren.

7. Reduktion von Fleischkonsum: Der Anbau von Tierfutter und die Produktion von Fleisch verursachen große Mengen an Treibhausgasemissionen. Eine Reduktion des Fleischkonsums kann somit zur Reduktion von CO2-Emissionen beitragen.

8. Verwendung von wiederverwendbaren Lebensmittelverpackungen: Die Verwendung von wiederverwendbaren Lebensmittelverpackungen kann die Menge an Plastikmüll reduzieren.

9. Vermeidung von Verschwendung: Lebensmittelverschwendung ist eine der größten Umweltbelastungen. Eine bewusstere Einkaufsplanung und Lagerung von Lebensmitteln kann helfen, Lebensmittelverschwendung zu vermeiden.

10. Teilnahme an Umweltinitiativen: Es gibt viele gemeinnützige Organisationen und Projekte, die sich für den Umweltschutz einsetzen. Die Teilnahme an solchen Initiativen kann eine Möglichkeit sein, um sich aktiv für den Umweltschutz einzusetzen und dabei auch neue Freunde zu finden.

Diese Tipps und Tricks sind nur eine kleine Auswahl dessen, was jeder Einzelne tun kann, um die Umwelt zu schützen. Durch bewusstere Entscheidungen und Handlungen im Alltag können wir alle dazu beitragen, die Umwelt zu erhalten und zu schützen.

ZUSAMMENFASSUNG UND AUSBLICK

In diesem Buch haben wir uns intensiv mit dem Thema Umweltschutz und Umwelterhaltung beschäftigt. Wir haben uns mit den unterschiedlichen Aspekten des Umweltschutzes auseinandergesetzt und die Bedeutung von Nachhaltigkeit betont. Weiterhin haben wir die politischen und unternehmerischen Aktivitäten zur Verbesserung der Umwelt beleuchtet. Wir haben uns mit den Maßnahmen und Strategien, die Regierungen und Organisationen umsetzen, sowie erfolgreichen Umweltschutzprojekten in unterschiedlichen Ländern und den Fortschritten im Bereich erneuerbarer Energien beschäftigt. Wir haben auch Tipps und Tricks für den Alltag zum Schutz der Umwelt aufgezeigt.

Eine der wichtigsten Erkenntnisse, die wir bei der Erarbeitung dieses Buch gewonnen haben, ist, dass der Schutz der Umwelt unerlässlich ist, um die Lebensqualität der Menschen zu erhalten, unseren Planeten zu erhalten und zukünftigen Generationen eine gesunde, nachhaltige Welt zu hinterlassen.

Ausblick

Es ist offensichtlich, dass wir alle unseren Beitrag zur Erhaltung der Umwelt leisten müssen. Wenn wir uns nicht engagieren und Maßnahmen zum Umweltschutz ergreifen, werden die Folgen schwerwiegend sein. Es ist daher wichtig, dass wir unser Denken und Handeln umstellen und unser Konsumverhalten und unseren Umgang mit den Ressourcen anpassen. Wir sollten uns stärker auf die Förderung einer nachhaltigen Lebensweise und die Schaffung einer ressourcenschonenden Umgebung konzentrieren, die die Bedürfnisse der Menschen und der Natur in

Einklang bringt.

Wir alle haben die Möglichkeit, unseren Beitrag zum Umweltschutz und zur Nachhaltigkeit zu leisten und können diesen Prozess durch bewusstes Handeln in unserem Alltag unterstützen. Wir müssen unser Bewusstsein für den Zustand unserer Umwelt und die Bedeutung des Umweltschutzes schärfen, wenn wir eine gesunde Umwelt erhalten möchten. Wir sollten uns der Notwendigkeit bewusst werden, die Umwelt ausgeglichen zu halten, um das Wohlbefinden der Menschen und der Umwelt zu gewährleisten.

In dieser Hinsicht sollten wir den Umweltschutz und die Nachhaltigkeit in der Bildung intensiver fördern, um sicherzustellen, dass die jüngere Generation sich dieser Bedeutung bewusst ist. Durch die Nutzung von Technologie und sozialen Medien können wir uns besser vernetzen und gemeinsamsmehr wirkungsvolle Lösungen und Strategien entwickeln.

Schlussfolgerung

Es ist an der Zeit, dass wir uns alle auf das Wesentliche konzentrieren und uns auf den Schutz der Umwelt konzentrieren. Die Bedeutung des Umweltschutzes ist unbestritten, und wir müssen gemeinsam handeln, um die natürlichen Ressourcen zu erhalten und eine bessere, nachhaltige Zukunft zu schaffen. Wenn wir uns weiterhin auf Umwelterhaltung und Umweltschutz konzentrieren, werden wir eine bessere Welt für uns und zukünftige Generationen erreichen.